Le
11 Juin
1898

RÉPUBLIQUE FRANÇAISE

LIBERTÉ — ÉGALITÉ — FRATERNITÉ

VILLE DE PARIS

LES FÊTES de la

Municipalité de Paris

FÊTE

des

BEAUX-ARTS

IMPRIMÉ A L'ÉCOLE MUNICIPALE ESTIENNE
Janvier 1899

FÊTE

DES

BEAUX-ARTS

FÊTE

DES

BEAUX-ARTS

OFFERTE PAR LA

Municipalité de Paris

DANS LES SALONS DE L'HOTEL DE VILLE

LE SAMEDI 11 JUIN 1898

PARIS

IMPRIMERIE DE L'ÉCOLE MUNICIPALE ESTIENNE

18, BOULEVARD D'ITALIE, 18

—

1899

CONSEIL MUNICIPAL DE PARIS

FÊTE DES BEAUX-ARTS

DONNÉE A L'HÔTEL DE VILLE

11 Juin 1898

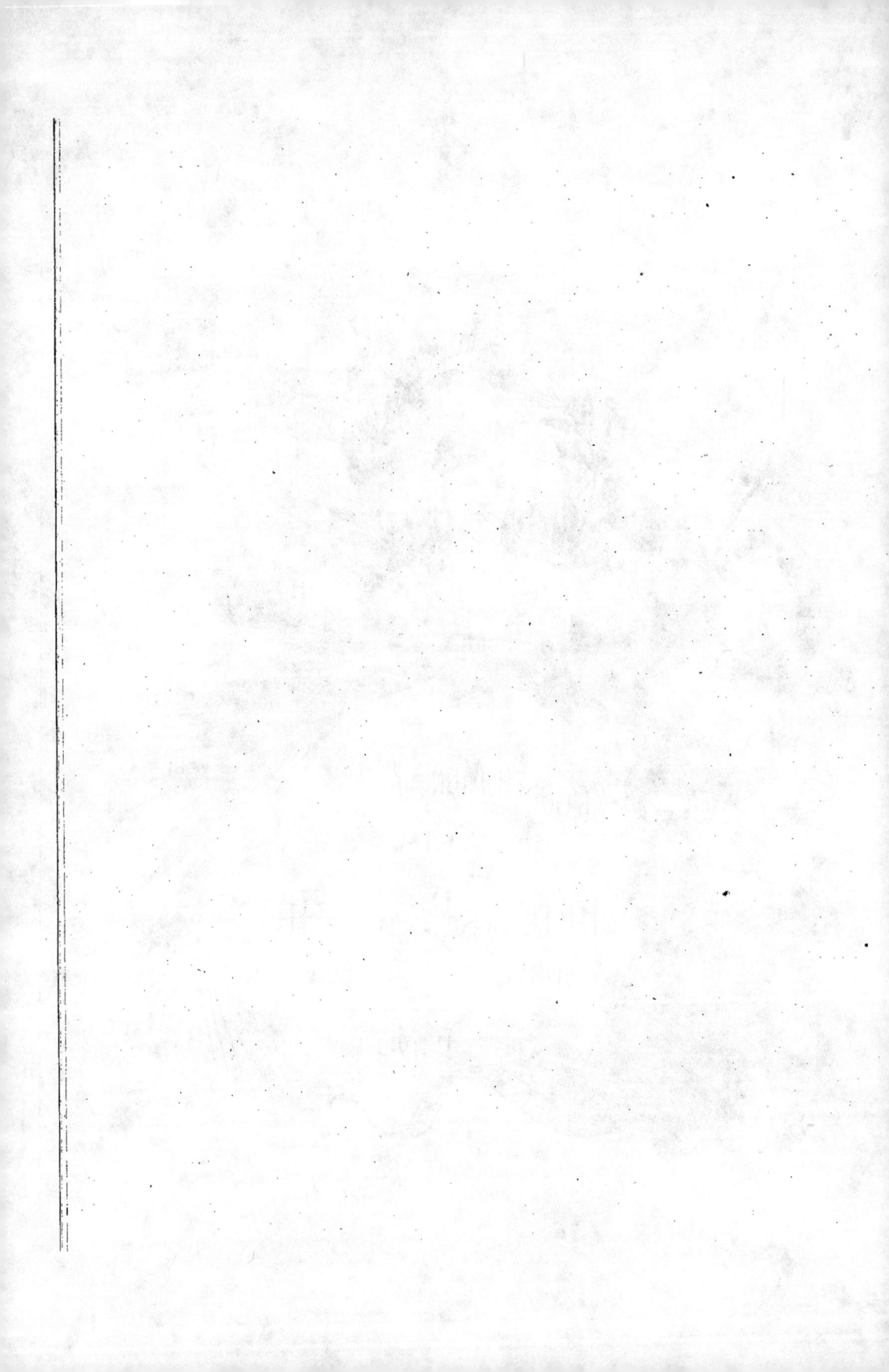

BUREAU

DU

CONSEIL MUNICIPAL DE PARIS

(Élu à l'ouverture de la première session ordinaire de 1898, le 4 mars).

PRÉSIDENT :

M. NAVARRE.

VICE-PRÉSIDENTS :

MM. Adolphe CHÉRIOUX.
ASTIER.

SECRÉTAIRES :

MM. Charles GRAS.
L. ACHILLE.
Adrien VEBER.
Ernest MOREAU.

SYNDIC :

M. Léopold BELLAN.

BUREAU

DU

CONSEIL GÉNÉRAL DE LA SEINE

(Élu à l'ouverture de la première session de 1897, le 2 avril).

PRÉSIDENT :

M. DUBOIS.

VICE-PRÉSIDENTS :

MM. Adolphe CHÉRIOUX.

BARRIER.

SECRÉTAIRES :

MM. Adrien VEBER.

FÉRON.

REBEILLARD.

CORNET.

SYNDIC :

M. Léopold BELLAN.

ADMINISTRATION

DE

LA VILLE DE PARIS ET DU DÉPARTEMENT DE LA SEINE

PRÉFET DE LA SEINE : M. DE SELVES.

Secrétaire général de la Préfecture de la Seine : M. BRUMAN.

PRÉFET DE POLICE : M. CHARLES BLANC.

Secrétaire général de la Préfecture de Police : M. LAURENT.

SERVICES ADMINISTRATIFS

DIRECTEUR des Finances : M. FICHET.
—   de l'Enseignement primaire : M. BEDOREZ.
—   de l'Assistance publique : M. NAPIAS.
—   de l'Octroi : M. DELCAMP.
—   du Mont-de-Piété : M. DUVAL.
—   des Affaires municipales : M. MENANT.
—   des Affaires départementales : M. LE ROUX.
—   des Travaux d'Ingénieurs : M. DEFRANCE.
—   des Travaux d'Architecture : M. BOUVARD.

SERVICES TECHNIQUES

DIRECTEUR des Eaux : M. HUMBLOT.
—   de la Voie publique : M. BOREUX.
—   des Égouts : M. BECHMAN.

SECRÉTARIAT DES CONSEILS MUNICIPAL ET GÉNÉRAL

CHEF DE SERVICE : M. F.-X. PAOLETTI.

FÊTE

BEAUX-ARTS

I

Sur la proposition de M. Breuillé, le Bureau du Conseil décida, dans sa séance du 12 mai 1898, qu'une grande fête serait donnée à l'Hôtel de Ville en l'honneur des artistes parisiens. Il chargea M. Léopold Bellan, syndic, et M. Bouvard, directeur des services municipaux d'architecture, de l'organisation de cette fête, dont la date devait coïncider avec les Expositions de la Société nationale des Beaux-Arts et de la Société des Artistes français.

Le Bureau adopta la date du samedi 11 juin et décida que des invitations seraient adressées, au nom de la Municipalité de Paris, à toutes les notabilités artistiques.

Voici quelles furent les catégories d'artistes ou les collectivités auxquelles furent adressées ces invitations :

Académie des Beaux-Arts.

Société des Artistes français (Comité. — Architectes. — Sculpteurs. — Peintres. — Graveurs).

Société nationale des Beaux-Arts.

Association des Artistes peintres, sculpteurs, architectes, graveurs et dessinateurs.

Société des Aquarellistes.

Société des Aquafortistes.

Société des Graveurs sur bois.

Union des Femmes peintres et sculpteurs.

Société des Pastellistes.

Association syndicale professionnelle des Peintres et Sculpteurs français.

Société des Artistes indépendants.

Société des Amis des arts.

Société des Artistes graveurs au burin et lithographes français.

Société centrale des Architectes.

Société nationale des Architectes français.

Société des Architectes diplômés.

Conseil d'architecture de la Ville de Paris.

Union syndicale des Architectes français.

École nationale des Beaux-Arts.

École des Arts décoratifs.

Union centrale des Arts décoratifs.

Conservatoire national de Musique et de Déclamation.

Académie nationale de Musique et de Danse.

Théâtres parisiens.

Musées nationaux et municipaux. — Cercles artistiques.

Société libre des Beaux-Arts.

Ministre de l'Instruction publique. — Chef du cabinet.

Administration des Beaux-Arts.

Commission administrative des Beaux-Arts de la Ville de Paris.

Commission de décoration picturale de l'Hôtel de Ville.

Artistes ayant participé à la décoration de l'Hôtel de Ville.

Commissariat général de l'Exposition universelle de 1900.

Chambre syndicale des Praticiens.

Presse. — Critiques d'art.

Commission de surveillance de l'Ecole Bernard-Palissy.

Commission de surveillance de l'École Germain-Pilon.

Société populaire des Beaux-Arts.

Jury du Concours musical de la Ville de Paris.

Commission du Vieux Paris.

Société des Parisiens de Paris.

Les chefs de service des deux Préfectures, les Municipalités des vingt arrondissements et diverses notabilités parisiennes furent également invités.

La fête se composa d'une réception solennelle dans la salle des séances du Conseil municipal, d'un concert et d'un bal dans les salons de l'Hôtel de Ville, somptueusement parés et illuminés pour cette brillante réception par les soins de M. Bouvard, directeur des services d'architecture.

La séance solennelle du Conseil municipal a
été ouverte à neuf heures par M. Navarre, président du Conseil municipal.

Au Bureau, à la droite du président, avaient
pris place : M. de Selves, préfet de la Seine ;
M. Léopold Bellan, syndic du Conseil municipal ;
M. L. Achille, secrétaire du Conseil municipal.
A la gauche de M. Navarre siégeaient : M. Charles
Blanc, préfet de Police, M. Dubois, président du
Conseil général de la Seine, MM. Ernest Moreau et
Adrien Veber, secrétaires du Conseil municipal.

Dans la salle des séances, aux fauteuils réser-
vés vis-à-vis du Bureau, avaient pris place, au
premier rang : M. Rambaud, ministre de l'Instruction publique et des Beaux-Arts, ayant à sa droite
M. Frémiet, président de l'Académie des Beaux-Arts,
M. Jean-Paul Laurens, président de la Société des
Artistes français, et M. Laurent, secrétaire général
de la Préfecture de Police. A la gauche du Ministre
étaient assis : M. Astier, vice-président du Conseil
municipal, M. Puvis de Chavannes, président de la
Société nationale des Beaux-Arts, M. Bruman,
secrétaire général de la Préfecture de la Seine.

Avaient pris place dans la salle des séances :
MM. les membres du Conseil municipal de Paris, les
membres du Conseil général de la Seine, M. Larrou-
met, directeur honoraire des Beaux-Arts, M Roujon,

directeur des Beaux-Arts, MM. les membres des Comités de la Société des Artistes français et de la Société nationale des Beaux-Arts, les directeurs et chefs des services administratifs de la Préfecture de la Seine et de la Préfecture de Police, ainsi que les représentants de la presse française et étrangère.

De nombreux invités étaient répartis dans la salle et dans les tribunes.

Discours du Président du Conseil municipal

Après l'exécution de la *Marseillaise* par la musique de la garde républicaine, M. le président Navarre prononce le discours suivant :

MESSIEURS,

Je suis heureux de vous souhaiter la bienvenue dans ce palais illustré par vos chefs-d'œuvre.

Paris, qui occupe le premier rang dans le monde par ses manifestations scientifiques, littéraires et artistiques, salue en vous les aimables créateurs de son charme si attrayant et de sa resplendissante beauté.

Si, autrefois, à Athènes, à Corinthe, les hommes et les femmes de toute condition, ardemment épris des beaux-arts, se montraient sans voiles aux yeux des peintres et des statuaires et se glorifiaient d'avoir été choisis par eux pour produire un chef-d'œuvre qui l'emportât sur ceux des villes voisines, nos mœurs nous astreignent aujourd'hui à des démonstrations plus réservées, mais qui ne le cèdent en rien pour la sincérité à celles des citoyens de la Grèce antique.

Tous les ans, l'ouverture du Salon est un des événements les plus passionnants de la vie parisienne. La population s'y porte en foule pour admirer les belles œuvres produites par une légion d'artistes qui viennent demander à Paris la renommée, la popularité qui consacrera leur talent ou leur génie.

Si, dans tous les pays et à toutes les époques, on a compris combien il importait pour le progrès des arts de donner la plus grande publicité aux œuvres des peintres et des sculpteurs, c'est à la France que revient l'honneur d'avoir institué les Expositions périodiques des artistes vivants.

Et l'un des plus prodigieux écrivains français, celui dont on a pu dire qu'il était l'âme de la critique, Diderot, rendait à Colbert, le fondateur de la première Exposition de peinture, cet hommage mérité :

« Bénie soit à jamais la mémoire de celui qui, en instituant cette Exposition publique des tableaux, excita l'émulation entre les artistes, prépara à tous les ordres de la société, et surtout aux hommes de goût, un exercice utile et une récréation douce, recula parmi nous la décadence de la peinture et rendit la nation plus instruite et plus difficile en ce genre. Pourquoi les anciens eurent-ils de si grands peintres et de si grands sculpteurs, c'est que les récompenses et les honneurs éveillèrent les talents et que le peuple, accoutumé à regarder la nature et à comparer la production des arts, fut un juge redoutable. »

Mais, sous l'ancienne monarchie, les académiciens, les professeurs et autres affiliés à l'Académie royale de peinture et de sculpture avaient seuls le droit d'exposer.

La Révolution, cette grande émancipatrice, détruisit ce privilège comme tant d'autres. A peine avait-elle éclaté, que le peuple réclamait déjà dans les rues la suppression de toutes les Académies, si sévèrement qualifiées par lui : « ces lanternes sourdes des tyrans ».

Notre époque moins exclusive, plus éclectique, réunit aujourd'hui sous le même toit tous les artistes, les académiciens d'aujourd'hui et ceux de demain.

Le respect des tendances de tous est un hommage rendu à l'esprit de liberté qui doit nous guider dans le jugement des productions ayant pour but l'interprétation de la Beauté dans son éternelle splendeur.

Il est aussi dicté par la vraie sagesse, qui nous met en garde contre les dangers d'une sévérité exagérée ou d'un verdict trop précipité.

Nous dégageant de tous les préjugés d'école, nous pouvons, en France, à l'heure actuelle, prodiguer notre admiration à des talents très divers qui obéissent à leurs impressions, vont là où les portent spontanément leurs goûts, leurs aptitudes, leurs préférences.

C'est dans cet ordre d'idées que nous poursuivons ici la décoration de l'Hôtel de Ville, entreprise il y a dix ans, et dans laquelle la plupart des maîtres incontestés et des peintres de talent sont représentés par des œuvres remarquables.

Toutes les grandes époques artistiques n'ont-elles pas été marquées par une liberté absolue laissée aux artistes dans la manifestation de leur esprit créateur ? Même dans les temps d'oppression générale, de troubles politiques et sociaux, dans le chaos des guerres extérieures ou des révoltes intestines, dans la Grèce antique, dans la France du moyen âge ou dans l'Italie de la Renaissance, les artistes ne jouirent-ils pas d'une sorte de privilège d'indépendance, et l'originalité de leurs œuvres n'atteste-t-elle pas le libre développement de leur personnalité ?

C'est alors que le mouvement spontané des imaginations, inspiré par les préférences instinctives et communes à la race tout entière, créa dans ces pays l'art vraiment national, traduisant les idées et les sentiments de l'époque avec une puissance d'inspiration que seule peut donner à l'artiste la communauté d'impression avec le milieu où il vit. (*Très bien!*)

Ce qui nous captive, en effet, dans l'œuvre d'art, c'est la personnalité de l'artiste.

La force, l'énergie qu'il apporte dans la manifestation de son impression, donnent à ses créations leur véritable caractère et toute leur valeur, pourvu qu'il sache vibrer au souffle des émotions contemporaines. (*Applaudissements.*)

Nous n'en sommes plus au temps où les esprits se laissaient émouvoir par les contes fabuleux de la mythologie et, en France, nous n'avons jamais cru bien fermement au fantastique, au merveilleux et à tous leurs cortèges.

L'Art, qui a toujours été humain dans son essence, le devient dans son but et son objet. Il se livre à l'étude directe de la nature, il prête une plus grande attention aux choses vues.

Les peintures mystiques avaient leur raison d'être quand l'ornementation des édifices religieux était le seul but offert à l'activité artistique ; maintenant, au contraire, c'est l'art essentiellement laïque qui s'épanouit ; au lieu de s'en tenir à un symbolisme suranné, notre siècle porte ses investigations du ciel sur la terre, où l'artiste puise directement les émotions sincères et profondes qui éveillent les sympathies et provoquent l'admiration.

Aujourd'hui, les efforts artistiques se portent vers

3

la décoration des édifices civils élevés par la société moderne : les mairies, où s'enregistrent tous les actes importants de la vie du citoyen; les écoles, où se forment les générations futures; l'Hôtel de Ville, où bat le cœur de notre généreuse cité.

La décoration picturale de ce monument, lorsqu'elle sera achevée, constituera avec sa décoration sculpturale un musée artistique, d'où chaque visiteur pourra emporter une impression saisissante et durable de l'art contemporain.

Nos squares, nos places publiques se sont peuplés de statues acquises par la Ville chaque année parmi les œuvres exposées au Salon.

La peinture, la sculpture, la gravure en médailles, l'eau-forte, le burin, la lithographie sont également appelés à enrichir le trésor de nos collections.

L'art industriel est aussi l'objet de notre sollicitude et, dans le but d'encourager ses applications, nous avons créé le musée Galliera, où sont placées les acquisitions faites aux derniers Salons dans la section nouvelle des objets d'art.

La musique n'a pas été oubliée. Un concours ouvert tous les trois ans, pour la production d'une œuvre musicale avec chœurs, soli et orchestre, constitue pour les jeunes compositeurs un précieux encouragement.

C'est ainsi que les représentants du peuple de Paris ont compris leur mandat; ils n'ont jamais ménagé aux artistes leur appui et leur sympathie; ils n'ont rien épargné pour donner à la population les pures jouissances d'art.

Le sentiment démocratique qui a poussé de si fortes

racines dans tous les cœurs français et l'évolution natu-
relle des choses qui nous conduit lentement peut-être,
mais sûrement, à l'égalité sociale, nous font un devoir de
procurer au peuple les joies de l'esprit, non moins néces-
saires pour lui que le pain de chaque jour.

Il ne s'agit plus seulement pour les travailleurs de
s'asseoir au banquet de la vie; ils demandent davantage :
ils veulent aussi, après les fatigues d'un dur labeur quo-
tidien, se retremper aux sources vivifiantes et salutaires
du Beau. Votre mission, Messieurs, est des plus nobles.
Elle est éminemment civilisatrice : car, si l'esprit de l'ou-
vrier s'affine, ce n'est pas seulement parce que son cer-
veau s'est éveillé à l'étude des lettres et des sciences,
mais encore parce que ses yeux se sont intéressés aux
merveilles de la peinture et de la sculpture, et ses oreilles,
aux sublimes éloquences de la musique. Vous contribuez
puissamment à donner à Paris sa physionomie spéciale,
son charme incomparable, son aspect unique.

Le peuple de Paris, qui sait vous apprécier, vous
récompense souvent par son enthousiasme pour les
belles choses que vous réalisez.

C'est en son nom, Messieurs, que nous vous avons
conviés à cette fête des Beaux-Arts, afin d'affirmer toute
sa sympathie et sa profonde admiration pour ceux qui
donnent à Paris son éclatant rayonnement et qui
travaillent sans relâche à la gloire de la République.
(*Très bien ! Très bien ! — Applaudissements répétés.*)

Discours du Préfet de la Seine

M. de Selves, préfet de la Seine, s'exprime ainsi :

MONSIEUR LE MINISTRE,

Votre présence ici est un hommage pour nous et un encouragement à l'Art; nous vous en remercions.

MESDAMES,

MESSIEURS,

A tous les titres, soyez les bienvenus dans cette maison.

M. le président du Conseil municipal vous a dit la joie qu'y cause votre présence.

A mon tour, je vous dis : ici vous êtes chez vous.

Pour rendre hommage autrefois aux souverains qui honoraient une ville de leur visite, les représentants de la cité, en les saluant, leur apportaient les clefs de la ville, symbole de leur maîtrise supérieure.

Nous vous remettons bien volontiers les clefs de l'Hôtel de Ville, à vous, souverains de l'Art, qui, sur le marbre ou sur la toile, savez si bien traduire les actes de notre vie, les sentiments de notre âme, en les éclairant de cette flamme, de cette poésie pleine d'idéal qui nous pénètre, nous charme et nous élève vers les sommets du Beau.

Tout en ce monde se transforme, se modifie et se perd dans l'oubli des siècles écoulés ; mais l'Art, auquel vous appartenez, et ses œuvres, témoins des civilisations éteintes, restent comme le trait essentiel de l'intensité de leur foyer intellectuel.

Que saurions-nous du lointain passé, si les œuvres de vos devanciers n'étaient demeurées pour nous le faire connaître, nous dire son histoire, ses phases diverses dans le progrès humain, nous révéler l'âme des époques disparues ?

Une époque sans art, mais ce serait le désert nu, aride, sans verdure, où le voyageur harassé ne trouve aucun abri, rien pour calmer sa soif, rien pour délasser son corps et son esprit !

Artistes, vous êtes les bonnes fées de la vie.

N'est-ce pas vous qui, sur le chemin de l'existence, semez les fleurs et placez les oiseaux qui chantent ? (*Applaudissements.*)

Où mieux qu'ici, en cet Hôtel de Ville, seriez-vous chez vous ?

Conçu par un architecte qui avait l'âme d'un grand artiste, ce monument n'est-il pas fait de vos œuvres ?

Ce sont vos sculptures qui ornent ses façades et les parent.

Ce sont vos peintures qui donnent leur richesse à ses salles.

Vos noms, ceux des artistes, vos collègues d'hier, qui, hélas ! ne sont plus, mais que vous avez connus et aimés, vous allez les trouver à chacun de vos pas dans nos salons de fêtes, fiers de vous recevoir.

De tout ce que nous pourrons vous offrir, vos propres œuvres seront la meilleure part.

Notre Hôtel de Ville n'en est que l'heureux groupement, destiné à montrer aux générations qui nous suivront ce que fut l'Art à notre époque. (*Bravos.*)

Maîtres, qui à la couronne de Paris avez mis ses fleurons les plus étincelants et les plus riches, dont le rayonnement dépasse les limites de notre capitale et constitue l'un des éléments de la gloire française, continuez-nous vos chefs-d'œuvre, et que votre exemple contribue à maintenir dans notre pays ce culte du Beau, ce sentiment de l'idéal, sans lesquels il ne saurait y avoir de nation vraiment grande, de nation véritablement civilisatrice! (*Très bien! — Applaudissements.*)

MESDAMES,

MESSIEURS,

On vous attend à côté d'ici avec une fiévreuse impatience.

Je m'arrête.

A tous les blâmes que je puis encourir, je ne voudrais pas ajouter celui d'avoir abusé de votre patience et d'avoir trop fait attendre. (*Bravos prolongés.*)

Discours de M. Frémiet

M. Frémiet, président de l'Académie des Beaux-Arts, remercie la Municipalité en ces termes :

MONSIEUR LE PRÉSIDENT,

MONSIEUR LE PRÉFET,

C'est au nom de tous nos confrères, et comme président de l'Académie des Beaux-Arts, que je vous remercie de la délicate pensée à laquelle nous devons d'être ce soir les hôtes de la Ville de Paris.

Nous n'avons pas attendu cette charmante occasion pour vous être extrêmement reconnaissants, chacun dans notre for intérieur, de la magnifique éclosion de travaux à laquelle vous avez appelé les artistes contemporains.

Nous en avons été d'autant plus touchés que le grand souci professionnel dans tous nos ateliers, notre raison d'être, est de produire des œuvres, moins encore pour subvenir aux nécessités de l'existence que pour satisfaire au premier de nos besoins, qui est de donner corps à nos rêves artistiques. (*Très bien!*)

Vous avez la bonté, Messieurs, de nous savoir gré de nos travaux, de louer notre courage professionnel, vos bonnes et chaleureuses paroles de tout à l'heure en témoignent largement ; mais avons-nous bien droit à ces louanges ? Est-ce bien du courage que de se livrer passionnément à ce qu'il plaît le plus de faire au monde ? Je crois, Messieurs, que ce devoir de reconnaissance n'appartient qu'à nous et nous en sommes profondément pénétrés, je puis vous l'affirmer.

Il y a, Messieurs, dans ce palais, au pied d'un escalier, une statue équestre que je suis bien obligé de trouver excellente, car je serais incapable de la faire mieux (*Sourires*). Elle est symbolique : dans ma pensée, elle représente, avec son falot lumineux, la Ville semant l'art à profusion dans tous les quartiers de Paris ; elle est l'image de votre action, de vos bienfaits. (*Bravos.*)

Je terminerai, Messieurs, en émettant un vœu, celui que la Ville de Paris ne considère pas sa tâche comme terminée et qu'elle s'avance toujours radieusement dans sa voie d'embellissements par les arts, car nous, les artistes, nous sommes comme ces pauvres êtres de la mer, que la vague laisse échoués sur le sable en se retirant ; la vague les sauve lorsqu'elle revient : nous vous demandons que notre chère Ville veuille bien, en sa maternelle sollicitude, imiter la vague, elle nous trouvera toujours dévoués et ardents au travail pour la servir. (*Applaudissements.*)

Discours de M. Jean-Paul Laurens
PRÉSIDENT DE LA SOCIÉTÉ DES ARTISTES FRANÇAIS

et de M. Puvis de Chavannes
PRÉSIDENT DE LA SOCIÉTÉ NATIONALE DES BEAUX-ARTS

M. Jean-Paul Laurens, président de la Société des Artistes français, s'exprime ainsi :

MONSIEUR LE PRÉSIDENT DU CONSEIL MUNICIPAL,
MONSIEUR LE PRÉFET,

La Société des Artistes français, dont j'ai l'honneur d'être ici l'interprète, fière de venir prendre sa part à cette solennité fraternelle, vous adresse le témoignage ému de sa reconnaissance.

Dans l'éclat joyeux de cette fête, nous saurions mal vous dire notre gratitude profonde et sincère.

L'accueil généreux d'aujourd'hui nous apporte, pour l'avenir, un nouveau gage de votre précieuse sympathie.

Au nom de la Société des Artistes français, merci ! (*Très bien !* — *Applaudissements.*)

4

M. Puvis de Chavannes, président de la Société nationale des Beaux-Arts, prononce l'allocution suivante :

MONSIEUR LE PRÉSIDENT DU CONSEIL MUNICIPAL,
MONSIEUR LE PRÉFET,

Unie de cœur à la manifestation de reconnaissance dont vous venez d'entendre l'éloquente expression, la Société nationale des Beaux-Arts, que j'ai l'honneur de présider, tient à affirmer sa grande part de gratitude personnelle en se remémorant les marques de haute et active sympathie qu'elle a rencontrées ici.

En même temps qu'elles ont pour nous le charme du souvenir, nous aimons à les considérer comme un gage précieux dans les temps futurs.

La pensée pleine de grandeur et de cordialité qui préside à cette fête nous donne le droit de l'espérer, Messieurs. Pour le passé, pour le présent et pour l'avenir, merci ! (*Applaudissements.*)

II

A la suite de ces discours, les invités de la Municipalité se rendirent dans les salons, où fut donnée la fête organisée par les soins de M. le syndic Léopold Bellan et de M. Bouvard, directeur des services d'architecture.

Dans les salons des Lettres, des Sciences et des Arts, on dansait aux sons d'un excellent orchestre dirigé par M. J. Mélé.

Dans la grande salle des fêtes, au fond de laquelle se dressait une vaste estrade en forme de scène, fut donné un concert, dont voici le programme :

SALLE DES FÊTES

Concert

PREMIÈRE PARTIE

1° Marche héroïque......................... SAINT-SAENS.
   Par la musique de la garde républicaine
   sous la direction de M. PARÈS.

2° Vielles et Cornemuses, par les Gas du Berry.
   Airs de chansons de France joués en danses par MM. TURIGNY,
   DE CHANTENAY, LAURENT, D'ANGY, cornemuseux;
   BOUILLÉ, DE RIOUSSE, DUBANC, DES BRUYÈRES,
   DES GRANGES et BAFFIER, vielleux.

3°   Chanson du Blé *(les Saisons)*............... V. Massé.

        Ronde d'amour......................... Chaminade.
          M. FUGÈRE, de l'Opéra-Comique.

4°   Habanera de *Carmen*.................... Bizet.

        L'Anneau d'argent...................... Chaminade.
          Mⁱˡˡᵉ WYNS, de l'Opéra-Comique.
      Accompagnateur, M. MANGIN, professeur au Conservatoire,
            chef d'orchestre de l'Opéra.

5° *a.* Méditation............................ Massenet.

   b. Valse.................................. Widor.
         M. DELSART, professeur au Conservatoire; Mⁱˡˡᵉˢ LAR-
           RONDE, FONLUPT; MM. DESTOMBES, CHARTIER,
           MONSUEZ, BELLE, RABATEL, FOURNIER, KÉFER,
           HEKKING, THIBAUD, CHARCOUCHET, RICHET,
           MORAUX, violoncellistes lauréats du Conservatoire. — Au
           piano, Mⁱˡˡᵉ FULCRAN, 1ᵉʳ prix du Conservatoire.

6°   Air du *Cid*........................... Massenet.
          Mⁱˡˡᵉ BRÉVAL, de l'Opéra.

7°   Les Deux Grenadiers .... Schumann.
          M. DELMAS, de l'Opéra.

8°   Professeur de mort...................... Colias.
           Conférence avec démonstration.
          M. GALIPAUX.

9°   *Danses par les artistes de l'Opéra.*

     a. Danses grecques reconstituées par MM. Bourgault du Coudray et Hansen.
         Mⁱˡˡᵉ SANDRINI, de l'Opéra. — Chant, M. SIZES, de l'Opéra.

     b. Danses orientales .... Mᵐᵉ Holmès, M. Hansen.
         Mⁱˡˡᵉ TORRI, de l'Opéra, et huit dames du corps de ballet.

     c. Gavotte .... Wormser et Hansen.
         Mⁱˡˡᵉ ZAMBELLI et M. VASQUEZ, de l'Opéra.
          Orchestre sous la direction de M. MANGIN.

ENTR'ACTE

1°   Marche des Preux........................ G. Parès.

2°   Les Deux Pigeons .... A. Messager.
         a. Divertissement. — b. Danse hongroise. — c. Finale.
        Par la musique de la garde républicaine
         sous la direction de M. PARÈS.

— 29

DEUXIÈME PARTIE

1° La Muette de Portici (ouverture) . . . . AUBER.
   Par la musique de la garde républicaine
   sous la direction de M. PARÈS.

2° Chansons classiques.
   M. VILLÉ.

3° L'Existence . . . . GALIPAUX.
   Monologue par M. GALIPAUX.

4° *a.* Un Monsieur qui veut se marier.
   b. Une Idylle normande.
   M. RESCHAL.

5° *a.* Lecture du soir . . . . MARINIER.
   b. Vous êtes jolie . . . . DELMAS.
   Mⁱˡᵉ Anna THIBAUT.

6° *a.* La Valse des ramiers . . . . VARNEY.
   b. Rondel de mai . . . . DUVERNOY.
   Mⁱˡᵉ Mariette SULLY.

7° Chansons militaires.
   M. POLIN.

8° *Danses.*
   a. Pas mauresque . . . . VIDAL et HANSEN.
   Mⁱˡᵉˢ IXART, de l'Opéra.
   b. Les Deux font la paire, pantomime . . . . P. VIDAL et HANSEN.
   Mⁱˡᵉˢ SANDRINI, DE MÉRODE et MANTE, de l'Opéra.
   Orchestre sous la direction de M. MANGIN.
   Piano par M. BACHELET.

9° *Les Gas du Berry — a.* La Valse à compagnon. NEVERS.
   MM. BOUSSET et DE CÉRILLY, vielleux; BILLANT et D'ARLS,
   cornemuseux.
   b. Le Temps des amours (marche) . . . . MORICE.
   MM. TURIGNY et BAFFIER.
   c. La Belle Angélique.
   Chanson de France dite par M. BRIFFAULT.
   d. Chanson berriaude . . . . HUGUES LAPAIRE
   Dite par l'auteur.
   e. Bourrée du haut Berry et Branle.
   M. BOUSSET; marqués par Mⁱˡᵉˢ LATOUR et M. BAFFIER.
   f. J'ai le cœur content.
   Air de marche joué par MM. TURIGNY, LAURENT,
   BOUILLÉ, DUBANC et BAFFIER.

Piano de la Maison PLEYEL et WOLFF.

Enfin, dans la galerie dite des Bureaux, décorée d'une suite des merveilleuses tapisseries de la Ville de Paris, une petite scène permit d'offrir aux invités de la Municipalité un spectacle charmant d'ombres artistiques, coupé de chansons et de récits dont voici le détail :

GALERIE DES TAPISSERIES

Ombres lyriques de H. BELLANGER

PREMIÈRE PARTIE

1° Le Pendu, chanson de .... Mac-Nab.
Chantée par le poète chansonnier Vincent HYSPA.

2° La Fiancée du timbalier, ballade de.......... Victor Hugo.
Musique de Fr. THOMÉ. Dessins de M. H. BELLANGER.
Interprétée par Mⁱˡᵉ CASTELLI.

3° Un Caprice de Pierrette .... E. Bessières et Marinier.
Ballade en trois tableaux.
Chantée par M. J. BILLIARD.

ENTR'ACTE

DEUXIÈME PARTIE

1° Les Garçons de Bordeaux, ronde des matelots.
Vieille chanson du pays de France.
LES CHŒURS.

2° Le Sphinx, épopée lyrique.
Poème et musique de FRAGEROLLE.
Dessins de M. E. VIGNOLA, reconstitués par M. BELLANGER.
Chant par M. J. BILLIARD.
SEIZE TABLEAUX.

3° La Marche lorraine...................... J. Jouy et O. Pradel.
Musique de M. Louis GANNE. Dessins de M. BELLANGER.
Chant par M. J. BILLIARD.
TROIS TABLEAUX.

M. BELLANGER, directeur de la scène. — Boniment par M. Vincent HYSPA.
Accompagnateur : Mᵐᵉ O. BURG.

Piano de la Maison PLEYEL et WOLFF.

Ce triple programme s'exécuta simultanément aux applaudissements de la brillante assistance, et la fête à laquelle la Ville de Paris avait convié les artistes ne prit fin qu'après deux heures du matin.

LETTRES DE REMERCIEMENTS

A la suite de cette belle fête, qui eut le plus vif succès, et dont la presse fit un élogieux compte rendu, M. le président du Conseil municipal a reçu les deux lettres suivantes, qu'il communiqua à ses collègues en séance publique :

MONSIEUR LE PRÉSIDENT,

Le Comité de la Société des Artistes français me charge d'être son interprète auprès de la Municipalité parisienne et de lui exprimer toute sa gratitude pour la soirée du 11 juin, donnée aux artistes dans les salons de l'Hôtel de Ville.

En organisant cette fête, Monsieur le Président, vos collègues ont certainement voulu montrer quelle place les arts ont toujours tenue dans l'administration de la Ville de Paris, et, des éloquentes paroles que vous leur avez adressées, les artistes ont déduit qu'ils pouvaient, comme par le passé, compter sur leur bienveillant et précieux concours.

D'avance ils vous en remercient, et vous adressent, à vous, Monsieur le Président, et à vos collègues, l'assurance de leur bien vive reconnaissance.

Le Président de la Société des Artistes français, membre de l'Institut,

Signé : J.-P. Laurens.

———

Paris, le 22 juin 1898.

Monsieur le Président,

De tristes préoccupations ont causé le retard que j'ai mis à remercier, au nom de la Société nationale des Beaux-Arts, le Conseil municipal et son président pour la magnifique et inoubliable réception dont ils ont honoré les artistes.

J'éprouve un vif regret de ce retard, et vous prie, Monsieur le Président, d'agréer avec mes excuses les assurances de ma haute considération.

P. Puvis de Chavannes,

Président de la Société nationale des Beaux-Arts.

LISTE

Par ordre d'Arrondissements et de Quartiers

DE MM. LES MEMBRES

DU CONSEIL MUNICIPAL DE PARIS

1er ARRONDISSEMENT.

Quartier Saint-Germain-l'Auxerrois.
Edmond Gibert, ancien négociant, quai de la Mégisserie, 8.

Quartier des Halles.
Alfred Lamouroux, docteur en médecine, rue de Rivoli, 150.

Quartier du Palais-Royal.
Alexis Muzet, ancien négociant, rue des Pyramides, 3.

Quartier de la Place-Vendôme.
Despatys, ancien magistrat, place Vendôme, 22.

2e ARRONDISSEMENT.

Quartier Gaillon.
Blachette, représentant de commerce, rue Saint-Augustin, 33.

Quartier Vivienne.
Caron, avocat, ancien agréé, rue Saint-Lazare, 80.

Quartier du Mail.
Léopold Bellan, négociant, rue des Jeûneurs, 30.

Quartier Bonne-Nouvelle.
Rebeillard, joaillier-sertisseur, rue Greneta, 54.

3e ARRONDISSEMENT.

Quartier des Arts-et-Métiers.
Blondel, avocat, boulevard Beaumarchais, 93.

Quartier des Enfants-Rouges.
Louis Lucipia, publiciste, rue Béranger, 15.

Quartier des Archives.
L. Achille, ancien négociant, rue du Temple, 178.

Quartier Sainte-Avoye.
Puech, avocat à la Cour d'Appel, boulevard de Sébastopol, 104.

4ᵉ ARRONDISSEMENT.

Quartier Saint-Merri.
OPPORTUN, ancien commerçant, rue des Archives, 13.

Quartier Saint-Gervais.
PIPERAUD, ancien chef d'institution, rue du Roi-de-Sicile, 10.

Quartier de l'Arsenal.
Charles VAUDET, publiciste, boulevard Morland, 14 *bis*.

Quartier Notre-Dame.
RUEL, propriétaire, rue de Rivoli, 54.

5ᵉ ARRONDISSEMENT.

Quartier Saint-Victor.
SAUTON, architecte, rue Soufflot, 24.

Quartier du Jardin-des-Plantes.
Charles GRAS, lithographe, boulevard Saint-Michel, 133.

Quartier du Val-de-Grâce.
LAMPUÉ, propriétaire, boulevard de Port-Royal, 72.

Quartier de la Sorbonne.
André LEFÈVRE, chimiste, rue de l'École-Polytechnique, 14.

6ᵉ ARRONDISSEMENT.

Quartier de la Monnaie.
BERTHELOT, professeur agrégé, rue Mazarine, 11.

Quartier de l'Odéon.
ALPY, docteur en droit, avocat à la Cour d'Appel, rue Bonaparte, 68.

Quartier Notre-Dame-des-Champs.
DEVILLE, avocat à la Cour d'Appel, rue du Regard, 12.

Quartier Saint-Germain-des-Prés.
PRACHE, avocat à la Cour d'Appel, rue Bonaparte, 30.

7ᵉ ARRONDISSEMENT.

Quartier Saint-Thomas-d'Aquin.
Ambroise RENDU, docteur en droit, avocat à la Cour d'Appel, rue de
Lille, 36.

Quartier des Invalides.
Roger LAMBELIN, publiciste, rue Saint-Dominique, 30.

Quartier de l'École-Militaire.
LEROLLE, avocat à la Cour d'Appel, avenue de Villars, 10.

Quartier du Gros-Caillou.
Arsène LUPIN, publiciste, quai d'Orsay, 105.

8e ARRONDISSEMENT.

Quartier des Champs-Élysées.
QUENTIN-BAUCHART, avocat et homme de lettres, rue François-Ier, 31.

Quartier du Faubourg-du-Roule.
CHASSAIGNE-GOYON, docteur en droit, avocat, rue de la Boétie, 110.

Quartier de la Madeleine.
FROMENT-MEURICE, orfèvre, rue d'Anjou, 46.

Quartier de l'Europe.
Louis MILL, avocat, rue de Monceau, 83.

9e ARRONDISSEMENT.

Quartier Saint-Georges.
Paul ESCUDIER, avocat à la Cour d'Appel, rue Moncey, 20.

Quartier de la Chaussée-d'Antin.
Max VINCENT, avocat à la Cour d'Appel, rue de la Victoire, 58.

Quartier du Faubourg-Montmartre.
CORNET, ancien négociant, rue de Trévise, 6.

Quartier Rochechouart.
Félicien PARIS, avocat, rue Baudin, 31.

10e ARRONDISSEMENT.

Quartier Saint-Vincent-de-Paul.
Georges VILLAIN, publiciste, rue de Maubeuge, 81.

Quartier de la Porte-Saint-Denis.
HATTAT, négociant, rue de l'Aqueduc, 21.

Quartier de la Porte-Saint-Martin.
THUILLIER, entrepreneur de plomberie, rue de Paradis, 20.

Quartier de l'Hôpital-Saint-Louis.
FAILLET, comptable, boulevard de la Villette, 19.

11e ARRONDISSEMENT.

Quartier de la Folie-Méricourt.
PARISSE, ingénieur des arts et manufactures, rue Fontaine-au-Roi, 49.

Quartier Saint-Ambroise.
LEVRAUD, docteur en médecine, boulevard Voltaire, 98.

Quartier de la Roquette.
FOUREST, médecin-vétérinaire, avenue Parmentier, 6.

Quartier Sainte-Marguerite.
CHAUSSE, ébéniste, avenue Philippe-Auguste, 64.

12e ARRONDISSEMENT.

Quartier du Bel-Air.
Marsoulan, fabricant de papiers peints, rue de Paris, 90 (Charenton).

Quartier de Picpus.
John Labusquière, publiciste, rue de Rivoli, 4.

Quartier de Bercy.
Colly, imprimeur, rue Baulant, 11.

Quartier des Quinze-Vingts.
Pierre Baudin, avocat à la Cour d'Appel, avenue Ledru-Rollin, 83.

13e ARRONDISSEMENT.

Quartier de la Salpêtrière.
Paul Bernard, avocat à la Cour d'Appel, rue Lebrun, 3.

Quartier de la Gare.
Navarre, docteur en médecine, avenue des Gobelins, 30.

Quartier de la Maison-Blanche.
Henri Rousselle, commissionnaire en vins, rue Humboldt, 25.

Quartier Croulebarbe.
Alfred Moreau, corroyeur, boulevard Arago, 38.

14e ARRONDISSEMENT.

Quartier du Montparnasse.
Ranson, représentant de commerce, rue Froidevaux, 6.

Quartier de la Santé.
Dubois, docteur en médecine, avenue du Maine, 165-167.

Quartier du Petit-Montrouge.
Champoudry, géomètre, rue Sarette, 25.

Quartier de Plaisance.
Georges Girou, comptable, rue des Plantes, 42.

15e ARRONDISSEMENT.

Quartier Saint-Lambert.
Chérioux, entrepreneur de maçonnerie, rue de l'Abbé-Groult, 107.

Quartier Necker.
Bassinet, entrepreneur, rue de Vouillé, 47.

Quartier de Grenelle.
Ernest Moreau, forgeron, rue du Théâtre, 150.

Quartier de Javel.
Daniel, modeleur-mécanicien, rue Saint-Charles, 143.

16e ARRONDISSEMENT.

Quartier d'Auteuil.
LE BRETON, ingénieur, rue Chardon-Lagache, 47.

Quartier de la Muette.
N...

Quartier de la Porte-Dauphine.
GAY, publiciste, rue de la Faisanderie, 26.

Quartier de Chaillot.
ASTIER, pharmacien, avenue Kléber, 72.

17e ARRONDISSEMENT.

Quartier des Ternes.
Paul VIGUIER, publiciste, avenue Carnot, 9.

Quartier de la Plaine-Monceau.
BOMPARD, docteur en droit, rue de Prony, 65.

Quartier des Batignolles.
CLAIRIN, avocat à la Cour d'Appel, rue de Rome, 133.

Quartier des Épinettes.
Paul BROUSSE, docteur en médecine, avenue de Clichy, 81.

18e ARRONDISSEMENT.

Quartier des Grandes-Carrières.
Adrien VEBER, avocat à la Cour d'Appel, rue Lepic, 53.

Quartier de Clignancourt.
FOURNIÈRE, publiciste, rue Caulaincourt, 129.

Quartier de la Goutte-d'Or.
BREUILLÉ, correcteur d'imprimerie, rue Stephenson, 45.

Quartier de la Chapelle.
BLONDEAU, charron, rue de la Chapelle, 112.

19e ARRONDISSEMENT.

Quartier de la Villette.
VORBE, fondeur, rue Armand-Carrel, 1.

Quartier du Pont-de-Flandre.
BRARD, employé, rue de l'Ourcq, 58.

Quartier d'Amérique.
Charles Bos, publiciste, rue des Mignottes, 6.

Quartier du Combat.
GRÉBAUVAL, homme de lettres, rue de la Villette, 47.

20ᵉ ARRONDISSEMENT.

Quartier de Belleville.

BERTHAUT, facteur de pianos, rue des Couronnes, 122.

Quartier Saint-Fargeau.

ARCHAIN, correcteur typographe, rue Pelleport, 165.

Quartier du Père-Lachaise.

LANDRIN, ciseleur, rue des Prairies, 81.

Quartier de Charonne.

PATENNE, graveur, rue des Pyrénées, 89.

LISTE

DE MM. LES MEMBRES DU CONSEIL GÉNÉRAL
DES CANTONS SUBURBAINS

ARRONDISSEMENT DE SAINT-DENIS

Canton d'Asnières.

LAURENT-CÉLY, ancien officier, rue de Provence, 59, à Paris, et rue Steffen, 21, à Asnières (Seine).

Canton d'Aubervilliers.

DOMART, propriétaire, rue de la Courneuve, 8, à Aubervilliers (Seine).

Canton de Boulogne.

Léon BARBIER, marchand de bois, rue de Sèvres, 77, à Boulogne (Seine).

Canton de Clichy.

MARQUEZ, pharmacien, rue de Paris, 13, à Clichy (Seine).

Canton de Courbevoie.

Stanislas FERRAND, architecte-ingénieur, rue de la Victoire, 35, à Paris, et rue Victor-Hugo, 249, à Bois-Colombes (Seine).

Canton de Levallois-Perret.

LEX, propriétaire, rue Fazillau, 71, à Levallois-Perret (Seine).

Canton de Neuilly.

RIGAUD, fabricant de produits chimiques et pharmaceutiques, rue de la Bienfaisance, 25.

Canton de Noisy-le-Sec.

COLLARDEAU, ancien clerc de notaire, rue Halévy, 6, à Paris, et rue Saint-Denis, 18, à Bondy (Seine).

Canton de Pantin.

JACQUEMIN, employé de commerce, route de Flandre, 99, à Aubervilliers (Seine).

Canton de Puteaux.

FÉRON, pharmacien, route Stratégique, 32, à Suresnes (Seine).

Canton de Saint-Denis.

Stanislas LEVEN, rentier, rue Miromesnil, 18.

Canton de Saint-Ouen.

BASSET, docteur en médecine, boulevard Victor-Hugo, 79, à Saint-Ouen (Seine).

ARRONDISSEMENT DE SCEAUX

Canton de Charenton.

BARRIER, professeur à l'École nationale vétérinaire d'Alfort, rue Bouley, 4, à Alfort (Seine).

Canton d'Ivry.

LÉVÊQUE, horticulteur, rue du Liégat, 69, à Ivry (Seine).

Canton de Montreuil.

HÉMARD, rue de Paris, 87, à Montreuil (Seine).

Canton de Nogent-sur-Marne.

BLANCHON, propriétaire, rue de Turbigo, 64, à Paris, et Grande-Rue, 195, à Champigny (Seine).

Canton de Saint-Maur.

PIETTRE, docteur en médecine, avenue Chanzy, 5, à La Varenne-Saint-Hilaire (Seine).

Canton de Sceaux.

CARMIGNAC, propriétaire et manufacturier, rue Victor-Hugo, 21, à Montrouge (Seine).

Canton de Vanves.

A. GERVAIS, publiciste, rue Baudin, 3, à Issy (Seine).

Canton de Villejuif.

THOMAS, menuisier, rue Carnot, 11, au Kremlin-Bicêtre (Seine).

Canton de Vincennes.

GIBERT (de Saint-Mandé), professeur, rue de l'Alouette, 6, à Saint-Mandé (Seine).

Imprimerie de l'École Estienne. — G. SAINT-OUEN, metteur en pages.